COCKTAILS MODERNES LIVRE DE RECETTES

COCKTAILS RHUM, VODKA, BOURBON, COGNAC ET CHAMPAGNE

PASCALE FAUCHER

Tous les droits sont réservés.

Avertissement

Les informations contenues dans cet eBook sont destinées à servir de collection complète de stratégies sur lesquelles l'auteur de cet eBook a effectué des recherches. Les résumés, stratégies, trucs et astuces ne sont que des recommandations de l'auteur, et la lecture de cet eBook ne garantit pas que ses résultats refléteront exactement les résultats de l'auteur. L'auteur de l'eBook a fait tous les efforts raisonnables pour fournir des informations actuelles et précises aux lecteurs de l'eBook. L'auteur et ses associés ne sauraient être tenus responsables des erreurs ou omissions involontaires qui pourraient être constatées. Le contenu de l'eBook peut inclure des informations provenant de tiers. Les documents de tiers comprennent les opinions exprimées par leurs propriétaires. En tant que tel, l'auteur de l'eBook n'assume aucune responsabilité pour tout matériel ou opinion de tiers.

L'eBook est protégé par copyright © 2022 avec tous droits réservés. Il est illégal de redistribuer, copier ou créer des travaux dérivés à partir de cet eBook en tout ou en partie. Aucune partie de ce rapport ne peut être reproduite ou retransmise sous quelque forme que ce soit sans l'autorisation écrite expresse et signée de l'auteur.

TABLE DES MATIÈRES

TABLE DES MATIÈRES 4
INTRODUCTION 8
COCKTAILS AU RHUM 9
    1. Rumsarla 10
    2. Cocorico 12
    3. Glacière aux fruits de la passion 14
    4. Coup de poing brunch 16
COCKTAIL VODKA 18
    5. Ville rouge pourpre 19
    6. Duvet de pêche 21
    7. Vodka menthe 23
    8. Taureau sanglant 25
    9. Polynésien viens me chercher 27
    10. Cooler à la citronnelle 29
    11. Torsion d'un tournevis 31
    12. Brise de baie 33
    13. Cape Cod 35
    14. Clamdigger 37
    15. Glacière à la mangue 39
    16. Madras 41
    17. Refroidisseur de café 43
    18. Gelée fraise-canneberge 45
COCKTAILS BOURBONNAIS 47
    19. Punch au lait 48
    20. Parfait pêche julep 50
    21. Pétillement du matin 52

22. Aigre givré 54
  23. Julep à la menthe congelée 56

COCKTAILS BRANDY ET COGNAC 58
  24. Café flip 59
  25. Flip au brandy 61
  26. Ascenseur du matin de l'ambassadeur 63
  27. Brise de mer 65
  28. Pétillant d'abricot 67
  29. Spritz à la crème d'abricot 69
  30. Lait de poule du petit déjeuner 71
  31. Oiseau de paradis pétillant 73

COCKTAILS LIQUEURS 75
  32. Madère menthe flip 76
  33. Peut s'épanouir pétillant 78
  34. Sangria 80
  35. Pluie d'été 82
  36. Frappe du ROEJ 84
  37. Cocktail du ROEJ 86
  38. Frappe à l'absinthe 88
  39. Cocktail du matin 90
  40. Pernod classique 92
  41. Mary danoise glacée 94
  42. Or chaud 96
  43. Affaire 98
  44. Brise du lac 100
  45. La tasse de Pimm 102
  46. Batida à la mangue 104

COCKTAILS AU CHAMPAGNE 106
  47. Pêche mimosa 107
  48. Bellini pêche 109
  49. Baie pétillante à la fraise 111

- 50. Blues champenois 113
- 51. Champagne du marco 115
- 52. Tourbillon de champagne 117
- 53. Sangria spéciale 119
- 54. Punch au vin pétillant de raisin blanc 121
- 55. Punch sorbet champagne 123
- 56. Punch champenois 125
- 57. Poinçon Baccio 127
- 58. Mimosa du lever du soleil 129
- 59. Brunch russe 131
- 60. Mimosa pétillant à la fraise 133
- 61. Fraise pétillante 135
- 62. Solution de fantaisie 137

COCKTAILS MARTINI 139

- 63. Calvadoslarme 140
- 64. Martini du petit-déjeuner 142
- 65. Glacière country club 144

COCKTAILS AU XÉRÈS 146

- 66. Retour au xérès 147
- 67. Cocktail de mariage mexicain 149

COCKTAILS AU GIN 151

- 68. Cocktail Azalée 152
- 69. Gin fizz Ramos 154
- 70. Grand pétillant royal 156
- 71. Fraise pétillante 158
- 72. Bonjour pétillant 160
- 73. Rose en juin fizz 162
- 74. Bouledogue highball 164
- 75. Gingembre pétillant 166
- 76. Robert E. Lee refroidisseur 168
- 77. Oasis d'orangers 170

MARGARITA ... 172

- 78. Margaritas aux abricots ... 173
- 79. Marguerite à la bière ... 176
- 80. Marguerite bleu ... 178
- 81. Margaritas à la figue de Barbarie ... 180
- 82. Café margaritas ... 182
- 83. Margaritas au citron vert frais ... 185
- 84. Margarita mousseuse ... 188
- 85. Margarita à la mangue surgelée ... 190
- 86. Margaritas au melon surgelées ... 193
- 87. Margaritas aux jalapeños ... 195
- 88. Jello shots-margaritas ... 197
- 89. Granité Marguerite ... 199
- 90. Marguerite à la papaye ... 202
- 91. Margarita aux framboises ... 205
- 92. Pastèque Margarita ... 207
- 93. Margaritas du Yucatin aux fruits ... 209
- 94. Marguerite à la bière ... 212
- 95. Liqueur de margarita ... 214
- 96. Margarita glacée ... 216
- 97. Marguerite verte ... 218
- 98. Marguerite du Diable ... 221
- 99. Sanglant Maria ... 223

CONCLUSION ... 225

INTRODUCTION

Un cocktail est une boisson mélangée généralement préparée avec une liqueur distillée (comme l'arack, le brandy, le gin, le rhum, la tequila, la vodka ou le whisky) comme ingrédient de base qui est ensuite mélangé avec d'autres ingrédients ou garnitures. Des liqueurs sucrées, du vin ou de la bière peuvent également servir de base ou être ajoutés. Si la bière est l'un des ingrédients, la boisson s'appelle un cocktail à la bière.

Les cocktails contiennent également souvent un ou plusieurs types de jus, de fruits, de miel, de lait ou de crème, d'épices ou d'autres arômes. Les cocktails peuvent varier dans leurs ingrédients d'un barman à l'autre et d'une région à l'autre. Deux créations peuvent porter le même nom mais avoir un goût très différent en raison des différences de préparation des boissons.

Refroidissez des verres et attrapez votre doseur, il est temps de secouer votre jeu de cocktails !

COCKTAILS AU RHUM

1. Rumsarla

Ingrédients

- 3/4 once de Marsala sec
- Domaine de Canton Liqueur de Gingembre
- 30 ml d'eau de coco jeune
- 45 ml de rhum épicé
- 250 grammes de rhum brun

les directions

a) Remplir le shaker de glace.
b) Ajouter tous les ingrédients.
c) Remuer.
d) Passer dans un verre

2. **Cocorico**

Ingrédients:
- 1 1/4 onces de rhum 151-proof
- 1/2 once de crème de noyaux
- 6 onces de jus de la passion
- Éclaboussure de jus de grenade
- Tranches d'orange

les directions

a) Construire dans un verre Collins avec de la glace.
b) Profitez!

3. Glacière aux fruits de la passion

Ingrédients

- 1 once de jus d'orange
- 1/2 once de jus de citron
- 1/2 once de gin
- 1 1/2 once de rhum léger
- 3 onces de nectar de fruit de la passion

les directions

a) Remplir le shaker de glace.
b) Ajouter les jus, le gin, le rhum et le nectar de fruit de la passion.
c) Secouer.
d) Passer dans un verre highball avec de la glace.

4. Coup de poing brunch

Ingrédients

- 3 litres de jus de tomate réfrigéré
- 1 litre de rhum clair ou brun
- 2 1/2 cuillères à café de sauce Worcestershire
- 5 onces de jus de citron ou de lime
- Sel et poivre au goût

les directions

a) Mélanger tous les ingrédients dans un grand pichet.
b) Remuer.
c) Verser dans un bol à punch avec un bloc de glace.
d) Garnir de citrons et de limes tranchés finement. (Pour 40 personnes)

COCKTAIL VODKA

5.   Ville rouge pourpre

Ingrédients

- Splash liqueur de framboise
- 3 onces de vodka
- 1 once de jus de betterave rouge frais
- 1 once amaro
- 1 cuillère à café de piment de la Jamaïque
- Chambord

les directions

a) Remplir le shaker de glace.
b) Ajouter tous les ingrédients
c) Secouer.
d) Filtrer dans un verre.

6. Duvet de pêche

Ingrédients

- 3 pêches mûres
- 6 onces de limonade rose
- 6 onces de vodka
- Glaçons pour remplir le mélangeur

les directions
a) Mettez les pêches, la limonade rose, la vodka et la glace dans un mélangeur.
b) Mélanger jusqu'à ce que la glace soit écrasée.
c) Placer au congélateur pendant quatre heures.
d) Verser dans des verres highball.

7.   Vodka menthe

Ingrédients

- 6 onces de limonade congelée
- 6 onces de vodka
- 17 feuilles de menthe

les directions

a) Combinez la limonade, la vodka et les feuilles de menthe avec suffisamment de glace pour remplir le mélangeur.

b) Mélanger à vitesse maximale jusqu'à consistance boueuse. Verser dans des verres à cocktail.

c) Garnir de fines tranches de citron vert et de feuilles de menthe. (Pour 4 personnes)

8.   Taureau sanglant

Ingrédients

- 10 1/2 onces de consommé
- 24 onces de jus de tomate
- 3 cuillères à soupe de jus de citron
- 2 cuillères à soupe de sauce Worcestershire
- 1 cuillère à café de sel de céleri
- 1 cuillère à café de sel d'ail
- 2 cuillères à café de sel
- 9 onces de vodka

les directions

a) Mélanger tous les ingrédients dans un pichet.
b) Servir dans des verres highball avec de la glace. (Pour 6 personnes)

9.   Polynésien viens me chercher

Ingrédients

- 4 onces de jus d'ananas
- 1 1/2 once de vodka
- 1/2 cuillère à café de poudre de curry 1/2 cuillère à café de jus de citron 1 cuillère à soupe de crème
- 2 traits de sauce Tabasco
- 4 onces de glace pilée

les directions

a) Verser tous les ingrédients dans un mélangeur.
b) Mixer 10 secondes à grande vitesse.
c) Verser dans un verre old-fashioned refroidi.
d) Saupoudrer de poivre de Cayenne.

10. Cooler à la citronnelle

Ingrédients

- 1 once de vodka aux agrumes
- Un trait de jus de citron vert
- 2 onces de limonade réfrigérée
- 1 once de jus de canneberge réfrigéré

les directions
a) Préparez de la vodka, du jus de citron vert, de la limonade et du jus de canneberge dans un verre Collins.
b) Garnir d'un filet de citron vert frais.

11. Torsion d'un tournevis

Ingrédients

- 3 1/2 tasses de jus d'orange
- 4 onces de vodka
- 2 cuillères à café de jus de citron
- 2 cuillères à café triple sec

les directions

a) Mélanger tous les ingrédients dans un pichet.
b) Remuer.
c) Refroidir au réfrigérateur.
d) Verser dans des verres highball avec de la glace.
e) Garnir de tranches d'orange.
f) (Pour 4 personnes)

12. Brise de baie

Ingrédients

- 1 once de vodka
- Goutte de jus d'ananas
- Éclaboussure de jus de canneberge

les directions
a)   Verser la vodka dans un verre highball avec de la glace.
b)   Aspergez-vous de jus.

13. Cape Cod

Ingrédients

- 1 1/2 once de vodka
- 1/2 once de jus de citron vert
- 1 once de jus de canneberge
- 1/2 cuillère à café de sucre

les directions
a) Remplir le shaker de glace.
b) Ajouter la vodka, les jus et le sucre.
c) Secouer.
d) Filtrer dans un verre à cocktail.

14. Clamdigger

Ingrédients

- 1 1/2 once de vodka
- 3 onces de jus de palourdes
- 3 onces de jus de tomate
- Un trait de sauce Tabasco
- Un trait de sauce Worcestershire
- Sel et poivre au goût

les directions
a) Remplir un verre highball de glaçons.
b) Versez tous les ingrédients.
c) Remuer.
d) Garnir d'une tranche de citron vert.

15. Glacière à la mangue

Ingrédients

- 1 1/2 once de vodka
- 1 1/2 onces de jus d'orange
- 1/2 once de jus de citron
- 1/2 once de Cointreau
- 3 onces de nectar de mangue

les directions

a) Construire les ingrédients dans un verre highball.
b) Remplir le verre de glace.
c) Garnir d'une tranche de mangue.

16. Madras

Ingrédients

- 1 1/2 once de vodka
- 4 onces de jus de canneberge
- 1 once de jus d'orange

les directions
a) Verser la vodka et les jus dans un verre highball avec de la glace.
b) Garnir d'un quartier de lime.

17. Refroidisseur de café

Ingrédients

- 1 1/2 once de vodka
- 1 once de crème
- 1 once de liqueur de café
- 1 cuillère à café de sucre
- 4 onces de café noir froid
- 1 petite boule de glace au café

les directions

a) Remplir le shaker de glace.
b) Ajouter la vodka, la crème, la liqueur de café, le sucre, le café et la glace au café.
c) Secouer.
d) Filtrer dans un verre highball.

18. Gelée fraise-canneberge

Ingrédients

- 2 onces de vodka
- 4 onces de fraises surgelées tranchées, au sirop, partiellement décongelées
- 4 onces de cocktail de jus de canneberge
- 3 onces de glace

les directions

a) Verser la vodka, les fraises congelées, le jus de canneberge et la glace dans un mélangeur.
b) Mélanger jusqu'à consistance lisse.
c) Verser dans un grand gobelet.
d) Garnir d'une fraise entière et d'un brin de menthe

COCKTAILS BOURBONNAIS

19. Punch au lait

Ingrédients

- 8 onces de lait froid
- 1/2 once de bourbon
- 3/4 once de crème de cacao

les directions
a) Remplir le shaker de glace.
b) Ajouter le lait, le bourbon et la crème de cacao.
c) Secouer.
d) Verser dans un gobelet.

20.   Parfait pêche julep

Ingrédients

- 1 pêche moyenne fraîche réfrigérée
- 2 onces de bourbon
- Glace pilée
- Branches de menthe

les directions
a) Pelez, dénoyautez et tranchez la pêche.
b) Mixer la pêche au blender.
c) Ajouter le sucre et traiter.
d) Incorporer le bourbon.
e) Verser sur de la glace pilée dans une coupe julep en argent.

21. Pétillement du matin

Ingrédients

- 2 onces de whisky mélangé
- 1/2 blanc d'oeuf
- 1/2 once de jus de citron
- 1 cuillère à café de sucre
- 1/2 cuillère à café de Pernod
- Club soda glacé

les directions

a) Remplir le shaker de glace.
b) Ajouter le whisky, le blanc d'œuf, le jus de citron, le sucre et le Pernod.
c) Secouer.
d) Filtrer dans un grand verre.
e) Ajouter un peu de soda
f) Remplir le verre de glace.
g) Remuer.

22. Aigre givré

Ingrédients

- 12 onces de concentré de limonade congelé
- 1 cuillère à soupe de concentré de jus d'orange surgelé
- 6 onces de bourbon
- 12 onces de glace pilée

les directions

a) Mettez la limonade et le concentré de jus d'orange, le bourbon et la glace dans un mélangeur.
b) Mélanger jusqu'à liquéfaction.
c) Filtrer dans des verres aigres.
d) Garnir de tranches d'orange et de cerises. (Pour 8 personnes)

23. Julep à la menthe congelée

Ingrédients

- 2 onces de bourbon
- 1 once de jus de citron
- 1 once de sirop de sucre
- 6 feuilles de menthe
- 6 onces de glace pilée

les directions

a) Dans un verre, écrasez le bourbon, le jus de citron, le sirop de sucre et les feuilles de menthe.
b) Verser le mélange et la glace dans un mélangeur.
c) Mélanger à grande vitesse pendant 15 ou 20 secondes.
d) Verser dans un verre highball refroidi.
e) Garnir d'un brin de menthe.

COCKTAILS BRANDY ET COGNAC

24. Café flip

Ingrédients

- 1 once de cognac
- 1 once de porto fauve
- 1 petit oeuf
- 1 cuillère à café de sucre

les directions
a) Remplir le shaker de glace.
b) Ajouter le cognac, le porto, l'œuf et le sucre.
c) Secouer.
d) Passer dans un verre delmonico refroidi.
e) Saupoudrer de noix de muscade.

25. Flip au brandy

Ingrédients

- 1 once de cognac
- 1 once de brandy aromatisé à l'abricot
- 1 petit oeuf
- 1 cuillère à café de sucre

les directions
a) Remplir le shaker de glace.
b) Ajouter les cognacs, l'œuf et le sucre.
c) Secouer.
d) Passer dans un verre Delmonico refroidi.
e) Saupoudrer de noix de muscade.

26. Ascenseur du matin de l'ambassadeur

Ingrédients

- 32 onces de lait de poule laitier préparé
- 6 onces de cognac
- 3 onces de rhum jamaïcain
- 3 onces de crème de cacao

les directions
a) Verser tous les ingrédients dans un bol à punch.
b) Remuer.
c) Saupoudrer chaque portion de noix de muscade. (Pour 10 à 12 personnes)

27. Brise de mer

Ingrédients

- 1 1/2 onces de gin
- 3/4 once de brandy aromatisé à l'abricot 1/4 once de grenadine 1 once de jus de citron
- Club Soda
- Branches de menthe

les directions
a) Préparez du gin, du brandy, de la grenadine et du jus de citron dans un verre highball.
b) Ajouter de la glace.
c) Remplir de soda club.
d) Ajouter des brins de menthe.

28. Pétillant d'abricot

Ingrédients

- 1 once de jus de citron
- 3/4 once de jus de citron vert
- 1 cuillère à café de sucre
- 1 1/2 onces de brandy aromatisé à l'abricot
- Club Soda

les directions
a) Construire les ingrédients dans un verre highball.
b) Remplir de glace.
c) Garnir de soda club.

29.   Spritz à la crème d'abricot

Ingrédients

- 6 onces de lait
- 4 onces de nectar d'abricot
- 2 cuillères à soupe de brandy aromatisé à l'abricot Vin mousseux

les directions

α) Remplissez le shaker réfrigéré avec du lait, du nectar d'abricot et du brandy aromatisé à l'abricot.
β) Remuer jusqu'à consistance lisse.
χ) Verser dans 6 verres à vin rouge.
δ) Ajouter des quantités égales de vin dans chaque verre. (Pour 6 personnes)

30. Lait de poule du petit déjeuner

Ingrédients

- Oeuf
- onces de cognac
- 1/2 once de curaçao orange
- 3 onces de lait

les directions
a) Remplir le shaker de glace.
b) Ajouter l'œuf, le brandy, le curaçao et le lait.
c) Secouer.
d) Filtrer dans un gobelet ou un gobelet.
e) Saupoudrer de noix de muscade.

31. Oiseau de paradis pétillant

Ingrédients

- 1 1/2 onces de gin
- 1/2 once de jus de citron
- 1/2 once de brandy de mûre
- 1/2 once de sirop de sucre
- 1 blanc d'oeuf
- 4 onces de soda

les directions
a) Remplir le shaker de glace.
b) Ajouter le gin, le jus de citron, le brandy de mûre, le sirop de sucre et le blanc d'œuf.
c) Secouer.
d) Passer dans un verre highball.
e) Remplir de soda et de glace.

COCKTAILS LIQUEURS

32. Madère menthe flip

Ingrédients

- 1 1/2 once Madère
- 1 once de liqueur de menthe au chocolat
- 1 petit oeuf
- 1 cuillère à café de sucre

les directions
a) Remplir le shaker de glace.
b) Ajouter le Madère, la liqueur, l'œuf et le sucre.
c) Secouer.
d) Passer dans un verre Delmonico refroidi.
e) Saupoudrer de noix de muscade.

33. Peut s'épanouir pétillant

Ingrédients

- 1 cuillère à café de grenadine
- 1/2 once de jus de citron
- 1 once de soda
- 2 onces de punch

les directions
a) Remplir le shaker de glace.
b) Ajouter la grenadine, le jus de citron, le club soda et le Punsch.
c) Secouer.
d) Filtrez dans un verre à l'ancienne.
e) Garnir de soda.

34. Sangria

Ingrédients

- 1/5 de vin rouge sec
- 1 pêche mûre
- 6 tranches de citron
- 1/2 once de cognac
- 1 once triple sec
- 1 once de liqueur de marasquin
- 1 cuillère à soupe de sucre
- 1 orange entière
- 6 onces de club soda réfrigéré

les directions

a) Verser le vin dans un pichet en verre.
b) Ajouter les pêches pelées et coupées en tranches et les tranches de citron.
c) Ajouter le cognac, le triple sec, la liqueur de marasquin et le sucre.
d) Remuer pour dissoudre le sucre.
e) Placez délicatement l'orange dans le pichet.
f) Laisser mariner le mélange à température ambiante pendant au moins 1 heure.
g) Ajouter le soda et 1 plateau de glaçons dans le pichet.
h) Remuer.
i) Verser dans des verres à vin.

35. Pluie d'été

Ingrédients

- 3 onces de liqueur de canneberge
- jus de pomme
- Rondelle de citron vert

les directions
a) Verser la liqueur de canneberge dans un verre highball à moitié rempli de glace.
b) Garnir de jus de pomme.
c) Ajouter un filet de citron vert.
d) Remuer.
e) Garnir d'une tranche de citron vert.

36. Frappe du ROEJ

Ingrédients

- 1 once Ojen
- 1/3 once de sirop de sucre

les directions
a) Remplir le shaker de glace.
b) Ajouter le jus d'Ojen et le sirop de sucre.
c) Secouer.
d) Verser dans un verre highball.

37. Cocktail du ROEJ

Ingrédients

- 2 1/2 onces Ojen
- 2 traits d'amer Peychaud

les directions

a) Remplir le shaker de glace.
b) Ajouter Ojen et amers.
c) Remuer.
d) Filtrer dans un verre à cocktail.

38. Frappe à l'absinthe

Ingrédients

- 1/3 once de sirop de sucre
- 1 1/2 onces de Pernod

les directions
a) Verser le sirop de sucre et le Pernod dans un verre highball refroidi avec de la glace pilée.
b) Remuer vigoureusement jusqu'à ce que du givre apparaisse sur les parois du verre.

39. Cocktail du matin

Ingrédients

- 1 once de pastis
- 3/4 once de jus de citron frais
- 3/4 once de liqueur de marasquin

les directions
a) Remplir le shaker de glace.
b) Ajouter le pastis, le jus de citron et la liqueur de marasquin.
c) Secouer.
d) Filtrer dans un verre à cocktail.

40. Pernod classique

Ingrédients

- 1 once de Pernod
- 5 onces d'eau
- 2 glaçons

les directions
a) Verser le Pernod dans un grand verre.
b) Ajouter l'eau et les glaçons.
c) Remuer.

41. Mary danoise glacée

Ingrédients

- 1 1/2 onces d'aquavit
- Mélange Bloody Mary (acheté en magasin ou fraîchement mélangé; voir ci-dessous.)

les directions

a) Verser l'aquavit dans un verre double old-fashioned avec de la glace.
b) Ajouter le mélange Bloody Mary.

42. Or chaud

Ingrédients

- 6 onces de jus d'orange réchauffé
- 3 onces d'amaretto

les directions
a) Versez le jus d'orange dans une grande tasse.
b) Ajouter l'amaretto.
c) Remuer avec un bâton de cannelle.

43. Affaire

Ingrédients

- 2 onces de schnaps à la fraise
- 2 onces de jus de canneberge
- 2 onces de jus d'orange
- Club soda (facultatif)

les directions
a) Verser le schnaps, le jus de canneberge et le jus d'orange dans un verre highball avec de la glace.
b) Remuer.
c) Garnir de club soda, si désiré.

44. Brise du lac

Ingrédients

- 4 onces de jus de canneberge
- 2 onces de jus d'ananas
- 1 cuillère à café de liqueur de coco Soda citron-lime

les directions
a) Remplir le shaker de glace.
b) Ajouter les jus, la liqueur et le soda.
c) Secouer.
d) Passer dans un verre Collins avec de la glace.
e) Remplir de soda.

45. La tasse de Pimm

Ingrédients

- 2 parts de limonade ou de bière au gingembre
- 1 part Pimms No.1
- Tranche d'orange imbibée de vodka ; concombre; citron; Pomme; une fraise

les directions

a) Verser la limonade dans un verre highball avec de la glace. (Utilisez un pichet si vous préparez plus d'une boisson.)
b) Ajouter la Pimm's Cup n°1.
c) Déposez des fruits imbibés de vodka.
d) Garnir d'un brin de menthe.

46.   Batida à la mangue

Ingrédients

- 1 once de jus d'orange
- 2 1/4 onces de jus de mangue
- 1 1/2 once de cachaça

les directions

a) Verser les jus et la cachaça dans un shaker à cocktail.
b) Secouer.
c) Verser dans un verre highball avec de la glace pilée.
d) Remuer.

COCKTAILS AU CHAMPAGNE

47. Pêche mimosa

Ingrédients

- 1 once de schnaps aux pêches
- du jus d'orange
- Champagne

les directions
a) Verser le schnaps aux pêches dans une flûte à champagne.
b) Ajouter suffisamment de jus d'orange pour remplir la moitié du verre.
c) Compléter avec du champagne.

48. Bellini pêche

Ingrédients

- 1 pêche pelée et dénoyautée
- Champagne

les directions
a) Mixez la pêche et placez-la dans une flûte à champagne.
b) Ajouter le champagne.

49. Baie pétillante à la fraise

Ingrédients
- 1 tasse de fraises équeutées - fraîches ou surgelées
- ½ once (1 cuillère à soupe) de jus de citron fraîchement pressé
- bouteille (750 ml) Champagne Brut
- 10 oz. L'eau

les directions
a) Placer les fraises, le jus de citron et l'eau dans un mélangeur ou un robot culinaire. Réduire en purée lisse.
b) Versez 1 à 2 cuillères à soupe de purée dans le fond d'une flûte à champagne et recouvrez de champagne. Avec une longue cuillère, remuer très doucement
c) Sirotez!

50. Blues champenois

Ingrédients

- 1/5 curaçao bleu
- 8 onces de jus de citron
- 4/5 champagne sec
- Zeste de deux citrons

les directions
a) Réfrigérer tous les ingrédients.
b) Verser le curaçao et le jus de citron dans un bol à punch (sans glace).
c) Remuer.
d) Ajouter le champagne.
e) Remuer doucement.
f) Faire flotter les zestes de citron dans le bol.

51. Champagne du marco

Ingrédients

- 1 once de glace à la vanille
- 2 traits de liqueur de marasquin
- 4 traits de curaçao orange
- 2 traits de cognac
- Champagne

les directions

a) Verser les ingrédients dans un verre à champagne refroidi à l'aide d'une soucoupe profonde.
b) Remplir de champagne.
c) Garnir de fruits de saison.

52. Tourbillon de champagne

Ingrédients

- 1 jaune d'oeuf
- 1/2 cuillère à café de sucre
- 3 onces de champagne
- 1/4 once de cognac

les directions

a) Remplir le shaker de glace.
b) Ajouter le jaune d'oeuf, le sucre et le champagne.
c) Secouer.
d) Filtrer dans un verre à cocktail.
e) Flottez le cognac sur le dessus.

53. Sangria spéciale

Ingrédients

- 2/5 de vin rouge
- 1/5 champagne
- 4 onces de gin
- 4 onces de cognac
- Sucre au goût
- Jus de 2 oranges
- Jus de 2 citrons

les directions
a) Verser les ingrédients dans un bol à punch.
b) Remuer.
c) Ajouter de la glace.
d) Garnir de tranches d'orange et de citron. (Pour 12 à 15 personnes)

54. Punch au vin pétillant de raisin blanc

Ingrédients

- 48 onces de jus de raisin blanc non sucré
- 6 onces de concentré de jus de mandarine surgelé, décongelé
- 8 onces de soda
- 3 onces de cognac
- 2 onces de jus de citron
- 1/5 de vin mousseux doux
- Fines tranches de mandarine

les directions

a) Verser les ingrédients dans un bol à punch sur un bloc de glace.
b) Remuer.
c) Couvrir le bol à punch et réfrigérer jusqu'à ce qu'il soit froid.
d) Ajouter le vin mousseux avant de servir.
e) Flottez les tranches de mandarine.
f) (Pour 15 à 20 personnes)

55. Punch sorbet champagne

Ingrédients

- 24 onces de jus d'ananas réfrigéré
- 2 onces de jus de citron
- 1 litre de sorbet à l'ananas
- 1/5 champagne frais

les directions
a) Verser les jus dans un bol à punch.
b) Ajouter le sorbet juste avant de servir.
c) Ajouter le champagne.
d) Remuer.

(Pour 20 personnes)

56. Punch champenois

Ingrédients

- Jus de 12 citrons
- Sucre en poudre
- 8 onces de liqueur de marasquin
- 8 onces triple sec
- 16 onces de cognac
- 2/5 champagne frais
- 16 onces de soda club
- 16 onces de thé fort, facultatif

les directions

a) Ajouter suffisamment de sucre en poudre pour sucrer le jus de citron dans un petit bol.
b) Verser le mélange dans un bol à punch sur de la glace.
c) Remuer.
d) Ajouter la liqueur de marasquin, le triple sec, le brandy, le champagne, le club soda et le thé fort, si désiré.
e) Remuer.
f) Décorez avec des fruits de saison.

57. Poinçon Baccio

Ingrédients

- 16 onces de champagne
- 16 onces de jus de pamplemousse
- 16 onces de gin sec
- 4 onces d'anisette
- Sucre au goût
- 16 onces d'eau minérale

les directions

a) Verser les ingrédients dans un bol à punch.
b) Bien mélanger.
c) Entourez le bol de glaçons.
d) Décorer de fruits.
e) Servir dans des gobelets.
f) Garnir de plusieurs raisins.

(Pour 8 personnes)

58.   Mimosa du lever du soleil

Ingrédients

- 1 cuillère à soupe de nectar d'abricot
- 1 cuillère à soupe de jus d'orange
- 2 onces de champagne

les directions

a) Verser le nectar d'abricot et le jus d'orange dans une flûte à champagne.
b) Ajouter lentement le champagne.
c) Garnir d'une tranche d'orange ou de deux framboises.

59. Brunch russe

Ingrédients

- 8 onces de vodka
- 12 onces de jus d'orange
- 8 onces de champagne

les directions
a) Verser la vodka et le jus d'orange dans un mélangeur avec de la glace.
b) Verser dans un grand pichet.
c) Ajouter le champagne.
d) Remuer.
e) Verser dans des gobelets.

60. Mimosa pétillant à la fraise

Ingrédients

- 2 onces de jus d'orange
- 2 onces de fraises
- 1/2 once de sirop de fraise 4 onces de champagne

les directions
a) Mélanger le jus d'orange, les fraises et le sirop de fraise dans un mélangeur jusqu'à consistance lisse.
b) Verser dans un verre à cocktail.
c) Compléter avec du champagne.
d) Garnir d'une fraise et d'une tranche d'orange

61. Fraise pétillante

Ingrédients

- 1 tasse de fraises fraîches tranchées
- 2 onces de concentré de jus de fruit fraise daiquiri surgelé, décongelé
- 6 onces de champagne frais
- 4 onces d'eau pétillante aromatisée au citron réfrigérée

les directions
a) Mettez les fraises fraîches dans un mixeur.
b) Mélanger jusqu'à consistance lisse.
c) Verser la purée de fraises dans un pichet en verre.
d) Ajouter le concentré de jus.
e) Bien mélanger.
f) Couvrir et réfrigérer.
g) Avant de servir, incorporer le champagne et l'eau pétillante.
h) Verser dans des flûtes à champagne refroidies.
i) Garnir de fraises fraîches, si désiré.

62. Solution de fantaisie

Ingrédients

- Jus de 1/2 citron ou lime
- 1 cuillère à café de sucre en poudre
- 1 cuillère à café d'eau
- 2 1/2 onces de champagne

les directions
a) Pressez le jus de citron ou de lime dans un verre Collins.
b) Ajouter le sucre et l'eau.
c) Remuer.
d) Remplir le verre de glace pilée.
e) Ajouter le champagne.
f) Bien mélanger.
g) Garnir d'une rondelle de citron et d'une paille.

COCKTAILS MARTINI

63. Calvadoslarme

Ingrédients

- 1 1/2 onces de gin
- 1/2 once de Calvados
- 1/2 once de jus de citron
- sirop simple de feuille de figuier
- 1/8 livre de figues turques (séchées; coupées en dés)
- 1/4 livre de figues de mission (séchées; coupées en dés)
- 1 once de bourbon infusé aux figues

les directions

a) Pour faire le sirop simple, mélanger le sucre, l'eau et les feuilles de figuier dans une petite casserole et porter à ébullition à feu moyen. Cuire jusqu'à ce que le sucre soit dissous, environ 5 minutes. Retirer du feu et laisser reposer jusqu'à refroidissement. Jeter les feuilles de figuier et transférer dans un petit récipient en verre.

b) Dans un shaker, écrasez les figues. Ajouter la glace, le gin, le calvados, le jus de citron et le sirop simple.

c) Secoue vigoureusement

d) Filtrer dans un verre à martini refroidi.

64. Martini du petit-déjeuner

Ingrédients

- 1 1/2 onces de gin
- 3/4 once de jus de citron
- 3/4 once de Cointreau
- 1 cuillère à café de marmelade légère

les directions
a) Remplir le shaker de glace.
b) Ajouter le gin, le jus de citron, le Cointreau et la marmelade légère.
c) Secouer.
d) Filtrer dans un verre à martini refroidi.

65. Glacière country club

Ingrédients

- 1/2 cuillère à café de grenadine
- 2 onces de soda
- 2 onces de vermouth sec
- Soda au gingembre

les directions
a) Verser la grenadine et le club soda dans un verre highball.
b) Remuer.
c) Remplir le verre de glace pilée.
d) Ajouter le vermouth sec.
e) Remplir de soda au gingembre.
f) Garnir de spirales de zeste de citron et d'orange.

COCKTAILS AU XÉRÈS

66. Retour au xérès

Ingrédients

- 1 oeuf
- 1 cuillère à café de sucre
- 1 1/2 onces de xérès
- 1/2 once de crème (facultatif)
- 1/4 once de crème de cacao légère (facultatif)

les directions

a) Remplir le shaker de glace.
b) Ajouter l'œuf, le sucre, le xérès et les ingrédients facultatifs, si désiré.
c) Secouer.
d) Filtrer dans un verre à cocktail.

67. Cocktail de mariage mexicain

Ingrédients

- 1 1/2 onces de xérès
- 1 oeuf
- 1 cuillère à café de sucre en poudre
- Goutte de sauce Tabasco ou pincée de piment de Cayenne

les directions

a) Remplir le shaker de xérès, d'œuf, de sucre en poudre et de sauce Tabasco ou de poivre de Cayenne.
b) Secouer.
c) Filtrer dans un verre à cocktail.

COCKTAILS AU GIN

68.   Cocktail Azalée

Ingrédients

- 3/4 once de jus de citron vert
- 3/4 once de jus d'ananas
- 2 1/4 onces de gin
- 4 traits de grenadine

les directions
a) Remplir le shaker de glace.
b) Ajouter les jus, le gin et la grenadine.
c) Secouer.
d) Filtrer dans un verre à cocktail.

69.   Gin fizz Ramos

Ingrédients

- 1 1/2 onces de gin
- 2 cuillères à soupe de crème
- 1/2 once de jus de citron
- 1 blanc d'oeuf
- 1 cuillère à soupe de sucre en poudre
- 3 à 4 gouttes d'eau de fleur d'oranger 1/2 once de jus de citron vert 1/4 once de club soda

les directions

a) Remplir le shaker de glace.
b) Ajouter le gin, la crème, le jus de citron, le blanc d'œuf, le sucre en poudre, l'eau de fleur d'oranger et le jus de citron vert.
c) Secouer.
d) Filtrer dans un gobelet.
e) Garnir de soda club réfrigéré.

70. Grand pétillant royal

Ingrédients

- 1/2 once de jus d'orange
- 1 once de jus de citron vert
- 1 cuillère à café de sucre
- 2 onces de gin
- 1/4 once de liqueur de marasquin
- 1/2 once de soda club à la crème

les directions
a) Remplir le shaker de glace.
b) Ajouter le jus d'orange, le jus de citron vert, le sucre, le gin, la liqueur de marasquin et la crème.
c) Secouer.
d) Filtrer dans un verre highball.
e) Remplir de glace et de soda club.

71. Fraise pétillante

Ingrédients

- 1 1/2 onces de gin
- 1 once de liqueur de fraise
- 1/2 once de jus de citron frais
- 1 cuillère à café de sucre
  club soda

les directions
a) Remplir le shaker de glace.
b) Ajouter le gin, la liqueur de fraise, le jus de citron et le sucre.
c) Secouer.
d) Filtrer dans un verre highball.
e) Remplir de glace.
f) Garnir de soda.
g) Garnir d'un zeste de citron et d'une fraise.

72. Bonjour pétillant

Ingrédients

- 1 once de jus de citron
- 1 cuillère à café de sucre
- 2 onces de gin
- 1/2 once d'anisette
- 1 blanc d'oeuf

les directions

a) Remplir le shaker de glace.
b) Ajouter le jus de citron, le sucre, le gin, l'anisette et le blanc d'œuf.
c) Secouer.
d) Filtrer dans un verre highball.
e) Remplir de glace et de soda.

73. Rose en juin fizz

Ingrédients

- 1 1/2 onces de gin
- 1 once de liqueur de framboise
- 1 1/2 onces de jus d'orange
- 1 once de jus de citron vert frais

les directions

a) Remplir le shaker de glace.
b) Ajouter le gin, la liqueur de framboise et les jus.
c) Secouer.
d) Filtrer dans un verre highball.
e) Remplir de glace et de soda.

74. Bouledogue highball

Ingrédients

- 1 1/4 onces de jus d'orange
- 2 onces de gin
- Soda au gingembre

les directions
a) Construisez du jus d'orange et du gin dans un verre highball avec de la glace.
b) Remplir de soda au gingembre.

75. Gingembre pétillant

Ingrédients

- 1 once de jus de citron
- 1 cuillère à café de sucre
- 1 1/2 onces de gin
- Soda au gingembre

les directions

a) Remplir le shaker de glace.
b) Ajouter le jus de citron, le sucre et le gin.
c) Secouer.
d) Passer dans un verre highball avec de la glace.
e) Remplir de soda au gingembre.

76. Robert e. lee refroidisseur

Ingrédients

- 1/2 cuillère à café de sucre
- 2 onces de soda
- 3/4 once de jus de citron vert
- 1/4 once de pastis
- 1 1/2 onces de gin
- Soda au gingembre

les directions

a) Dissoudre le sucre dans le club soda dans un verre collins.
b) Ajouter de la glace.
c) Préparez du jus de citron vert, du pastis et du gin.
d) Remplir de soda au gingembre.
e) Garnir de spirales de citron et d'orange.

77. Oasis d'orangers

Ingrédients

- 1 1/2 onces de gin
- 1/2 once de liqueur de cerise
- 4 onces de jus d'orange
- Soda au gingembre

les directions
a) Construisez du gin, de la liqueur de cerise et du jus d'orange dans un verre Collins avec de la glace.
b) Remplir de soda au gingembre.
c) Garnir d'une tranche d'orange.

MARGARITA

78. Margaritas aux abricots

Rendement : 16 portions

Ingrédients

- 46 onces de nectar d'abricot
- 6 onces de concentré de limonade congelée ; Décongelé
- 1 tasse de Téquila
- ½ tasse d'eau-de-vie d'abricot
- 4 tasses de glace pilée
- tranches d'abricot ou de citron; Optionnel
- De gros sel; optionnel

les directions

a) Dans un contenant non métallique de 4 pintes, mélanger le nectar d'abricot, le concentré de limonade, la tequila, le brandy et la glace. Couverture; congeler environ 4 heures ou jusqu'à l'obtention d'une consistance boueuse, en remuant de temps à autre.

b) Au moment de servir, remuer le mélange. Verser 3 tasses du mélange à la fois dans le récipient du mélangeur. Couverture; mélanger jusqu'à la consistance désirée.

c) Pour servir, frottez les bords des verres avec des tranches de citron; tremper les jantes dans du gros sel. Remplir chaque verre du mélange de margarita. Garnir de tranches d'abricot.

79. Marguerite à la bière

Rendement : 1 portion

Ingrédient

- 6 onces peut congelé concentré
- Limonade
- Tequila de 6 onces
- 6 onces de bière

les directions

a) Mélanger les ingrédients dans un mélangeur, ajouter quelques glaçons et mélanger brièvement. Laisser prendre quelques minutes.

b) Verser le contenu sur de la glace dans un verre bordé de sel.

80. Marguerite bleu

Rendement : 1 portions

Ingrédient

- $1\frac{1}{2}$ once liquide Tequila
- 1 once liquide de jus de citron vert
- $\frac{1}{2}$ once liquide Curaçao bleu

les directions

a) Frottez le bord du verre avec du jus de lime et trempez-le dans du gros sel.

b) Agiter les ingrédients avec de la glace et filtrer dans un verre à margarita.

81. Margaritas à la figue de Barbarie

Rendement : 4 portions

Ingrédient

- Rondelle de citron vert
- De gros sel
- 8 onces de tequila blanche
- 4 onces de Cointreau
- 4 onces de jus de poire de Barbarie
- 2 onces de jus de citron vert Roses
- 2 tasses de glaçons

les directions

a) Frotter un quartier de citron vert autour du bord des verres à cocktail et tremper le bord dans une soucoupe de gros sel.

b) Placer la tequila, le Cointreau, le jus de poire de Barbarie et de citron vert et les glaçons dans un mélangeur et mélanger jusqu'à consistance mousseuse.

c) Répartir dans les verres.

82. Café margaritas

Rendement : 12 portions

Ingrédient

- Quartiers de lime
- De gros sel
- 3½ tasse de mélange aigre-doux maison
- 1 tasse de tequila dorée
- ½ tasse Triple sec
- 16 glaçons
- 12 tranches de citron vert

les directions

a) Frotter les bords de 12 verres avec des quartiers de citron vert. Tremper les jantes dans du gros sel.

b) Mélanger 1-¾ tasse de mélange aigre-doux, ½ tasse de tequila, ¼ tasse de triple sec et 8 glaçons dans un mélangeur. Traiter jusqu'à ce que le tout soit bien mélangé. Verser dans 6 verres.

c) Répéter avec le reste du mélange aigre-doux, la tequila, le triple sec et les glaçons. Verser dans 6 verres. Garnir d'une tranche de citron vert.

83. Margaritas au citron vert frais

Rendement : 4 portions

Ingrédient

- 1 tasse de jus de citron vert frais
- Le sel
- 1 tasse de tequila dorée
- ½ tasse de liqueur d'orange Triple Sec
- 1 cuillère à soupe de sucre
- 1 cuillère à soupe d'eau
- 1 blanc d'oeuf
- 1 litre de glace pilée

les directions

a) Humidifier les bords de 4 verres (7 oz) avec un peu de jus de lime. Rouler les jantes dans le sel pour les enrober. Réfrigérer.

b) Mélanger le sucre avec l'eau. Placer dans un mélangeur avec la tequila, le jus de citron vert, le triple sec et le blanc d'œuf. Bien mélanger; ajouter la glace pilée et mixer brièvement.

c) Verser délicatement dans les verres sans éliminer le sel. Ajoutez plus de glace au goût si la boisson est trop forte.

84. Margarita mousseuse

Rendement : 1 portions

Ingrédient

- Jus de citron vert
- Le sel
- $1\frac{1}{2}$ once de tequila
- $\frac{1}{2}$ once de liqueur d'orange
- 3 cuillères à soupe de mélange aigre-doux en bouteille
- Glace pilée

les directions

a) Humidifiez le bord du verre avec du jus de lime et tourbillonnez le bord du verre dans un monticule de sel pour enrober le bord.

b) Mélanger la tequila, la liqueur d'orange et le mélange aigre-doux avec de la glace pilée dans un mélangeur.

c) Mélanger jusqu'à consistance mousseuse et verser dans le verre préparé.

85. Margarita à la mangue surgelée

Rendement : 4 portions

Ingrédient

- ½ tasse) de sucre
- ½ tasse d'eau
- 1 morceau de gingembre frais - (1" de long); tranché
- 2 mangues moyennes ; pelé, dénoyauté
- ½ tasse de vodka
- 2 tasses de glaçons

les directions

a) Mélanger le sucre, l'eau et le gingembre dans une petite casserole épaisse. Remuer à feu moyen jusqu'à ce que le sucre se dissolve. Mijoter 5 minutes. Retirer du feu.

b) Couvrir et laisser infuser 1 heure. Souche. Mixer les mangues au blender.

c) Verser dans une tasse à mesurer. Remettre ¾ de tasse de purée dans le mélangeur. Ajouter ½ tasse de sirop de gingembre, la vodka et les glaçons au mélangeur. Mélanger jusqu'à consistance lisse.

d) Servir dans des verres à martini.

86. Margaritas au melon surgelées

Rendement : 4 portions

Ingrédient

- $3\frac{1}{2}$ tasse de boules de melon Honeydew
- $\frac{3}{4}$ tasse de Tequila ; blanc
- $\frac{1}{3}$ tasse de jus de citron vert frais
- $\frac{1}{4}$ tasse) de sucre; ou à déguster

les directions

a) Retirez et jetez l'écorce et les graines du melon et coupez suffisamment de fruits en cubes de $\frac{1}{2}$ pouce pour mesurer $3\frac{1}{2}$ tasses.

b) Congelez les cubes de melon dans un sac en plastique refermable au moins 3 heures et jusqu'à une semaine.

c) Réduire en purée les cubes de melon surgelés dans un mélangeur avec le reste des ingrédients jusqu'à consistance lisse. Verser la boisson dans 4 verres à pied.

87. Margaritas aux jalapeños

Rendement : 1 portions

Ingrédient

- 4 piments Jalapeno, coupés en deux dans le sens de la longueur
- 16 onces (fl) de tequila
- 1 once (fl) de liqueur Triple Sec
- 3 onces de jus de citron vert
- Gros sel pour garnir (facultatif)

les directions

a) Mettez les poivrons dans la bouteille de tequila et laissez infuser pendant au moins trois jours. Pour 4 margaritas, versez 150 ml ($\frac{1}{4}$ pinte) de tequila jalapeno, 30 ml de Triple Sec et 90 ml de jus de citron vert dans un shaker rempli de glace.

b) Remuer et filtrer dans des verres sur des glaçons frais.

88. Jello shots-margaritas

Rendement : 1 portions

Ingrédient

- Gelée de Citron Vert
- Tequila

les directions

a) Prendre une petite boîte de Jello (0,35 oz), dissoudre dans 1 tasse d'eau bouillante, ajouter 1 tasse de vodka et remuer.

b) Ensuite, vous pouvez les mettre dans des verres à liqueur, des bacs à glaçons ou dans 1 oz. gobelets en plastique ou en papier.

c) Refroidir jusqu'à consistance ferme.

89. Granité Marguerite

Rendement : 4 portions

Ingrédients

- 1 tasse plus 2 cuillères à soupe de sucre
- 1 cuillère à soupe de zeste de citron vert finement râpé
- 6 cuillères à soupe de jus de citron vert fraîchement pressé (environ 3 citrons verts)
- 3 cuillères à soupe de tequila
- 2 cuillères à soupe de jus d'orange frais
- De gros sel
- Quartiers de citron vert, pour servir (facultatif)

les directions

a) Dans une casserole moyenne, faire cuire 3 3/4 tasses d'eau et le sucre à feu moyen-vif, en remuant, jusqu'à ce que le sucre soit dissous, environ 1 minute. Incorporer le zeste et le jus de lime, la tequila et le jus d'orange. Assaisonner avec 1/4 cuillère à café de sel.

b) Verser le mélange dans un plat peu profond; refroidir, puis couvrir hermétiquement d'une pellicule plastique. Congeler jusqu'à prise, 6 heures ou toute la nuit. À l'aide des dents d'une fourchette, raclez le mélange jusqu'à ce qu'il forme des flocons. Congeler (couvert) jusqu'au moment de servir. Garnir de quartiers de lime, si désiré.

90. Marguerite à la papaye

Rendement : 12 portions

Ingrédient

- 2 papayes, pelées et hachées
- 1 tasse de tequila dorée
- $\frac{3}{4}$ tasse Triple Sec
- $\frac{1}{2}$ tasse de jus de citron vert frais plus 2
- TB
- Glace pilée
- Sel pour le bord du
- Verre
- 4 tranches de carambole

les directions

a) Au robot culinaire, réduire la papaye en purée lisse. À l'aide d'une spatule en caoutchouc, retirer et placer dans un petit récipient. Réfrigérer pendant 1 heure.

b) Dans un mélangeur, ajouter la moitié de la purée, la moitié de la tequila, $\frac{1}{4}$ de tasse de jus de lime et remplir de glace pilée. Mélanger le mélange à feu vif jusqu'à ce qu'il soit épais et fondant. Verser dans un pichet.

c) Répéter avec les ingrédients restants. Placer le bord du verre dans les 2 cuillères à soupe de jus de citron vert puis dans le sel.

d) Verser dans les verres et décorer d'un morceau de carambole sur le bord.

91. Margarita aux framboises

Rendement : 1 portions

Ingrédient

- 1 paquet de (petites) framboises surgelées ; 6 onces
- 1 boîte (6 oz) de limonade surgelée
- 1 Canette de tequila ou de rhum
- 2 onces Triple sec

les directions

a) Mettez tous les ingrédients dans un mélangeur.

b) Mélanger en ajoutant de l'eau selon la consistance désirée. Pour 6 à 8 personnes.

92. Pastèque Margarita

Rendement : 1 portions

Ingrédient

- 4 tasses de jus de pastèque frais
- 1 tasse de jus de citron vert
- ½ tasse de Cointreau
- ½ tasse de Téquila

les directions

a) Mélanger et verser sur de la glace.

93. Margaritas du Yucatin aux fruits

Rendement : 12 portions

Ingrédient

- Quartiers de lime
- Du sucre
- 3 tasses de mélange aigre-doux maison
- 1 tasse de tequila dorée
- 12 cuillères à soupe de nectar de papaye
- 12 cuillères à soupe de nectar de goyave
- ½ tasse de crème de noix de coco en conserve
- 16 glaçons
- 12 tranches de citron vert
- Frotter les bords de 12 verres avec des quartiers de citron vert. Tremper les jantes dans le sucre.

les directions

a) Mélanger 1-½ tasse de mélange aigre-doux, ½ tasse de tequila, 6 cuillères à soupe de nectar de papaye, 6 cuillères à soupe de nectar de goyave, ¼ tasse de crème de noix de coco et 8 glaçons dans un mélangeur. Traiter jusqu'à homogénéité. Verser dans 6 verres.

b) Répéter avec le mélange aigre-doux restant, la tequila, les deux nectars, la crème de noix de coco et les glaçons. Verser dans 6 verres.

c) Garnir chacun d'une tranche de citron vert.

94. Marguerite à la bière

Rendement : 1 portion

Ingrédient

- 6 onces de Limonade concentrée surgelée
- 6 onces de tequila
- 6 onces de bière

les directions

a) Mélanger les ingrédients dans un mélangeur, ajouter quelques glaçons et mélanger brièvement. Laisser prendre quelques minutes.

b) Verser le contenu sur de la glace dans un verre bordé de sel.

95. Liqueur de margarita

Ingrédient

- 1 bouteille de tequila argentée
- 1 Zeste d'orange; coupé en spirale continue
- 1 Zeste de citron vert; coupé en spirale continue
- 6 onces de Cointreau

les directions

a) Ajouter le zeste d'agrumes à la tequila en bouteille, puis ajouter le Cointreau au goût. Conserver au réfrigérateur et servir dans des verres à xérès.

b) Apportez une bouteille de ceci à l'hôte d'un dîner au lieu d'une bouteille de vin.

96. Margarita glacée

Ingrédient

- 1/2 tasse de tequila dorée
- 1/2 tasse de jus de lime frais
- 1 à 2 c. sel fin
- 1 tasse de glace finement pilée
- 1 tranche de citron vert, coupée en deux

les directions

a) Mettez 2 verres à margarita au congélateur pendant au moins 1 heure. Mélanger la tequila et le jus de citron vert et placer au congélateur.

b) Mettez le sel dans une assiette creuse. Au moment de servir, tremper le bord des verres refroidis dans le sel (car les verres sont froids, le sel va coller au bord).

c) Remplir les verres de glace pilée puis verser le mélange tequila-jus de citron vert. Servir immédiatement avec le morceau de citron vert.

Pour 2

97. Marguerite verte

Ingrédient

- Quartier de citron vert, pour le bord du verre, plus tranche de citron vert, pour la garniture
- Gros sel, pour le bord du verre
- 2 onces de super jus vert
- 2 onces de tequila
- 1 once de liqueur d'orange, comme Cointreau

Super Jus Vert :

- 1 à 2 gros citrons juteux, peau et noyau retirés
- 1 pomme Granny Smith moyenne, pelée et évidée
- 2 feuilles de romaine
- 1/2 gros concombre
- 1 tasse de légumes verts copieux légèrement tassés, comme des épinards ou du chou frisé

les directions

a) Humidifiez le bord d'un verre à margarita avec un quartier de citron vert, puis roulez le verre en biais dans le sel afin que seul l'extérieur du verre soit salé.

b) Mélangez le Super Green Juice, la tequila et la liqueur d'orange dans un shaker rempli de glace. Agiter vigoureusement pendant 8 à 10 secondes. Passer dans le verre préparé sur de la glace. Garnir d'une tranche de citron vert.

c) **Super Jus Vert** :Pressez, dans cet ordre, les citrons, la pomme, la laitue romaine, le concombre et les légumes verts, en suivant les réglages spécifiques de votre presse-agrumes pour chacun. Servir le jus immédiatement sur de la glace, si désiré.

98. Marguerite du Diable

Ingrédient

- 1 1/2 once de tequila blanche
- 1 once de jus de citron vert, fraîchement pressé
- 3/4 once de sirop simple
- 1/2 once de vin rouge
- Garniture : rondelle de citron vert

les directions

a) Ajouter la tequila, le jus de citron vert et le sirop simple dans un shaker avec de la glace et agiter jusqu'à ce que le tout soit bien refroidi.

b) Filtrer dans un verre à cocktail.

c) Faites flotter le vin rouge sur le dessus en le versant lentement sur le dos d'une cuillère de bar afin qu'il s'accumule à la surface de la boisson.

d) Garnir d'une rondelle de citron vert.

99. Sanglant Maria

Ingrédient

- 1 1/2 once de tequila
- 2 traits de sauce Worcestershire
- Saupoudrer de sel
- Saupoudrer de poivre
- Saupoudrer de sel de céleri
- Jus de tomate

les directions

a) Construire la tequila et la sauce Worcestershire dans un double verre old-fashioned.
b) Saupoudrez de sel, de poivre et de sel de céleri.
c) Remplir de jus de tomate et de glace.

CONCLUSION

Que vous commenciez tout juste à explorer le monde des cocktails ou que vous soyez un mixologue amateur cherchant à perfectionner votre art, il y a toujours quelque chose de nouveau à apprendre (ou à siroter !). Créer de délicieux cocktails à la maison est facile une fois que vous avez quelques outils de base, ce livre de cuisine et une poignée de conseils pour vous aider à démarrer.

www.ingramcontent.com/pod-product-compliance
Lightning Source LLC
Chambersburg PA
CBHW071815080526
44589CB00012B/799